Ein Brief vom kleinen Schutzengel

Eine Geschichte von Jutta Langreuter
Mit Bildern von Andrea Hebrock

arsEdition

»Wer zupft denn da an meinem Arm?«
Michi ist mitten in der Nacht aufgewacht.
Verschlafen blinzelt er. Im Zimmer ist es dunkel.
Nur der Mond scheint etwas durchs Fenster.
Die Vorhänge wehen, doch niemand ist da.
Ob Michi die Nachttischlampe anmachen soll?
Merkwürdig. Michi hat gar keine Angst
im Dunkeln wie sonst.
Er kuschelt sich wieder in sein Bett,
macht die Augen zu und schläft
gleich wieder ein.

Als Michi am nächsten Morgen aufwacht,
greift er verschlafen an sein Handgelenk:
Sein Armreif ist noch da!
Es ist ein schöner kleiner Armreif,
der aussieht wie fest gewordenes Silberwasser.
Michi hat ihn gestern in seinem Kinderzimmer
gefunden. Er gehört ihm aber nicht.
Wie der Armreif wohl dort hingekommen ist?

Später im Kindergarten zeigt Michi den Armreif seinem besten Freund Lukas. Der staunt. Wie schön der Armreif glitzert! Obwohl Michi ganz vertieft ist, schreckt er plötzlich auf. Jonas, der kleine Bruder von Lukas, der heute ausnahmsweise mit im Kindergarten ist, ist aufs Fensterbrett geklettert! »Fall nicht runter!«, ruft Michi und nimmt den Kleinen vorsichtig in seine Arme. »Na, dich können wir im Kindergarten aber gut gebrauchen!«, sagt Thea, die Erzieherin.

Auf dem Nachhauseweg ruft Michi »Pass auf!«, als Mama mit dem Auto etwas zu schnell in eine Straße einbiegt und beinahe einen großen gefleckten Hund übersieht. Gerade noch rechtzeitig springt der Hund auf den Gehweg.

Zu Hause holt sich Michi seinen Lieblingsstift und Papier, streift seinen Glitzerreifen vom Handgelenk und zeichnet mit ihm wunderschöne Kreise in einen Sternenhimmel. Michi fühlt sich wohl in seinem Kinderzimmer. Heute ist es irgendwie noch gemütlicher als sonst. Auf einmal schaut Michi hoch. Sein Schaukelpferd wippt hin und her, als würde jemand darauf sitzen. Ist da noch jemand im Zimmer? Warum starrt Michis Katze zum Schaukelpferd? Was ist da bloß?

Michi steht auf und geht aus dem Zimmer. Als er an dem Spiegel im Flur vorbeikommt, leuchtet es ihm so hell entgegen, dass er blinzeln muss. Er dreht sich um. Vor ihm steht ein Engel!

Er ist genauso groß wie Michi. Jetzt weiß Michi, was er eigentlich schon die ganze Zeit über gefühlt hat: Da war etwas Besonderes in seinem Zimmer!

Der kleine Engel lächelt.
»Ich bin dein Schutzengel«, sagt er.
Die Federn seiner Flügel zittern ein bisschen.
»Ich heiße Daniel und brauche bitte
meinen Armreif wieder.«
»Ach, das ist deiner!«, sagt Michi überrascht.
»Du hast gestern mit Instrumenten aus
deinem Arztkoffer an der Sicherheitsabdeckung
der Steckdose herumgespielt. Das ist gefährlich.
Ich hab dich ganz schnell zurückgehalten.
Dabei ist mir mein Armreif runtergefallen.
Und du hast ihn aufgehoben.«
»Stimmt. Der hat so schön geglitzert!«,
sagt Michi.

»Mit deinem Armreif am Handgelenk
habe ich heute den kleinen Jonas und
einen Hund beschützt!«, fällt Michi ein.
»Und seitdem ich ihn trage, habe ich auch
keine Angst mehr im Dunkeln.«
Michi streift den Armreif ab und gibt ihn Daniel.
»Angst im Dunkeln brauchst du gar nicht zu haben«,
sagt der kleine Schutzengel. »Komm, ich zeig es dir!«

Der kleine Schutzengel macht das Licht aus und Michi lässt den Rollladen herunter.
»Gleich gewöhnen sich unsere Augen an die Dunkelheit«, sagt der kleine Schutzengel.
»Schau mal überall hin. Siehst du etwas, wovor du Angst haben musst?«
»Eigentlich nicht«, sagt Michi.
Er lacht: »Darf ich dich mal anfassen?«
»Probier's mal«, kichert Daniel.
Michi tippt seinen kleinen Schutzengel vorsichtig an. Aber es ist so, als ob er durch Daniel hindurchfassen würde.
»Ihr Schutzengel fühlt euch aber komisch an!«, meint Michi.
»Stimmt. Wir sind federleicht und superschnell!«, sagt Daniel und lässt wieder Licht ins Zimmer.

»Hast du mir schon oft geholfen?«, fragt Michi. »Weißt du noch, als du auf dem großen Klettergerüst ausgerutscht bist? Ich habe dafür gesorgt, dass du dich gerade noch festhalten konntest und nicht ganz hinuntergefallen bist.«

Michi staunt.
Ob wohl jedes Kind einen Schutzengel hat?

»Und neulich, als du bei Grün über die Straße gegangen bist, da raste doch dieser Autofahrer um die Ecke – den hab ich mit dem Funkeln meines Armreifs geblendet, und so hat er noch rechtzeitig abgebremst.«

»Das warst auch du ...«
Michi staunt wieder.
»Zum Glück passt du manchmal auch schon ganz gut auf dich selbst auf«, sagt Daniel.
»Das ist wichtig, weil du so jedes Mal ein bisschen selbstbewusster, mutiger und stärker wirst und weißt, was du in schwierigen Situationen machen musst.«
»Und wenn es ganz gefährlich ist?«, fragt Michi.
»Dann helfe ich dir. Aber es ist trotzdem wichtig, dass du auch auf dich selber aufpasst«, sagt der kleine Schutzengel.
»Dann helfe ich dir jetzt immer beim Aufpassen auf mich!«, verspricht Michi.

Dann lacht Michi und fragt:
»Darf ich mal sehen, wie du fliegst?«
Der kleine Schutzengel richtet sich auf
und fliegt einmal durchs Zimmer.
»Noch mal!«, bittet Michi.
Daniel bewegt seine Flügel etwas kräftiger,
fliegt aus dem Fenster und kommt wieder
hereingeflogen. Beide kichern.
»Daniel, kann ich dich jetzt immer sehen?«,
fragt Michi.
»Das brauchst du gar nicht«, sagt Daniel.
»Ich bin doch immer bei dir, auch wenn
du mich nicht siehst. Und manchmal
wirst du fühlen, dass ich da bin.
Wie vorhin im Zimmer.«

»Ich kann viel spüren«, flüstert Michi. »Stimmt's?«
»Wie ich«, lächelt Daniel.
Dann schwingt der kleine Schutzengel wieder seine Flügel, winkt Michi zu und schwebt aus dem Fenster hinaus. Michi schaut ihm hinterher, und als er ihn fast nicht mehr sehen kann, flattert ein kleiner Brief von seinem Schutzengel zu ihm herein.
Im Kuvert findet er ein Kärtchen, das er immer bei sich tragen wird, denn darauf steht:

Möge der Himmel dich bewahren
vor Gefahren, Schmerz und Pein.
Möge stets ein guter Engel
deines Lebens Hüter sein.

Bibliografische Information der Deutschen Nationalbibliothek

Die Deutsche Nationalbibliothek verzeichnet diese Publikation
in der Deutschen Nationalbibliografie;
detaillierte bibliografische Daten sind im Internet
über http://dnb.d-nb.de abrufbar.

Text: Jutta Langreuter
Illustrationen: Andrea Hebrock
ISBN 978-3-7607-6358-3

www.arsedition.de